de maan en de fee

Frank Smulders
met tekeningen van Hugo van Look

Zwijsen

maan

kijk...
daar gaat de maan.
heel hoog en ver.
hij suist maar door.
zoef!
net een pijl uit een boog.
maar dan zakt de maan.
hij ziet wat.
hij zegt:
'nou moe...
wat is dat nou weer?'

muis

een schoen is het.
dat is maf.
in de schoen zit een raam.
maar ook een deur.
wat een mop.
die schoen is een huis!
wie woont daar?
dat moet de maan zien.
hij kijkt door een kier.
wat ziet hij?
een muis.
lief en wit is ze.
ze roert in een pan.
ze maakt soep.
ze pakt een pier.
hup.
die mikt ze in de soep.
ze doet er wat zout bij.
de maan tikt op het raam.
hij zegt:
'dag muis.
je woont hier leuk.

maar ik ken jou niet.
hoe heet jij?'
de muis kijkt op.
'ik ben miep,' piept ze.
'ik woon hier pas.
ook een kop soep, maan?'
de maan zegt:
'ik lust geen soep met pier.
dag!'

fien

de maan suist naar het bos.
daar ziet hij een hut.
dat is de hut van fien.
ze woont daar met een oom.
dat weet de maan.
maar wat is dat nou?
om de hut ligt een boel vaat.
een mes.
een pot en een pan.
een kom of vier.
en fien zit op het dak.
daar zit ze niet vaak.
ze roept en ze wuift.
'maan! maan!'
de maan gaat naar de hut.
'fien,' zegt hij.
'wat doe je op het dak?
moet jij de hut niet in?'
fien zegt:
'ik kijk of ik mijn oom zie.
ik zei:
doe de vaat, oom!

maar oom zei:
nee, doe ik niet!
toen liep hij de hut uit.
ik weet niet waar hij zit.
ik mis oom.
zoek jij mijn oom?'
de maan suist weg.
'doe ik, fien,' roept hij.

13

tuin

de maan is in een tuin.
wit en geel is het er.
een en al roos en lis.
kijk...
daar gaat een mol.
hij zoeft van roos naar roos.
en van lis naar lis.
zijn neus gaat diep een roos in.
'mmm...
wat ruik jij zoet, roos.
net wijn!
jou neem ik mee.
maar jou en jou en jou ook.'
hij pakt een roos of tien.
dan ruikt hij aan een lis.
'oef... wat een geur.
net zeep!
jij moet ook mee, lis.
en jij en jij en jij ook.'
hij pakt er vijf.
nee, zes.
de maan zegt:

'is die bos voor mij?'
de mol kijkt op.
'zeur niet, maan.
die bos is voor muis miep.
voor in haar vaas.
tot kijk.'
en weg is de mol.
de maan moet ook weer door.

16

fee

de maan suist naar de zee.
diep in zee woont een fee.
de fee van de zee.
de maan kent die fee wel.
lief en schoon is ze.
ze bakt vaak keek.
mmm...
keek met peer.
of keek met rum.
of met room.
hup.
de maan duikt de zee in.
hij kust de fee op haar oor.
'mmm,' zegt ze.
'wat kus jij koel, maan.
wil je mijn man zijn?'
'dat kan niet,' zegt de maan.
'ik ben geen man.
ik ben maar een bol.'
de fee kijkt sip.
ze zegt:
'dat is waar.

wil je dan wat keek?'
'nou,' zegt de maan.
'dat lust ik wel.'
de fee pakt de keek.
de maan boft.
keek met peer is het.
maar er zit ook rum in.
en er zit een toef room op!
de maan neemt een hap.
mmm!
hij eet zijn buik dik.
dan suist hij de zee weer uit.
de fee wuift.
'doeg!' roept ze.

oom

bij het bos is een put.
daar suist de maan heen.
hij loert in de put.
dat is raar.
in de put zit een man.
wie is die man?
nou moe...
het is de oom van fien!
'zeg oom,' roept de maan.
'wat doe je in de put?
moet jij niet naar fien toe?'
de oom zegt:
'fien is boos.
ze zei:
doe de vaat, oom!
maar ik zei:
geen zin in, fien!
ze gaf me een tik.
toen liep ik weg.
nou zit ik in de put.
ik zit hier fijn.
maar ik mis fien wel.'

de maan zegt:
'fien mist jou ook, hoor.
kom die put uit, oom.
het is daar kil.
je vat nog kou.'
de oom gaat de put uit.
hij rent naar fien.
'fien,' roept hij.
'ik wil de vaat doen!'

reus

ver weg zit een reus.
op de top van een duin.
de reus huilt.
de maan suist naar hem toe.
'is er wat, reus?'
de reus zegt:
'ik wil een fee, maan.
om heel lief voor te zijn.
maar weet je?
ik ken geen fee.'
'nou, ik wel,' zegt de maan.
de reus kijkt op.
'je liegt,' zegt hij.
'nee reus,' zegt de maan.
'ik lieg heus niet.'
'waar woont die fee dan?'
de maan wijst.

'diep in zee.
ze is fee van de zee.
ze bakt vaak keek.
lief en schoon is ze.
maar jij bent vies.
moet je die jas zien.
wat is die vuil, zeg!
doe maar uit.'
dat doet de reus.
de maan wast de jas.
in het schuim van de zee.

dan zegt hij:
'je jas is schoon, reus.
nou mag je naar de fee gaan.'
de reus doet zijn jas aan.
hij holt de zee in.
'fee,' roept hij.
'hier kom ik!'

uit

dat is dat.
de reus is bij de fee.
hij eet keek met rum.
oom is bij fien.
hij doet de vaat.
de mol is bij muis miep.
hij eet soep met pier.
fijn hoor.
dit boek is dus uit.
maar de maan suist door.
zoef!
net een pijl uit een boog.
kijk...
daar gaat de maan.
heel hoog en ver.
zie je dat?
hij kijkt naar jou.
hij roept:
'dag!'
en weg is de maan.

27

In de serie ik lees! zijn verschenen:

AVI 1

de maan en de fee

Frank Smulders en Hugo van Look

AVI 2

Mijn hond Flip

Anke de Vries en Alice Hoogstad

AVI 3

Ridder Wout

Dirk Nielandt en Daniëlle Schothorst

Haas weet van niks

Annemarie Bon en Gertie Jaquet

Het geheim van Jan

Elle van Lieshout, Erik van Os
en Marjolein Krijger

Mees doet gek

Anneke Scholtens en Camila Fialkowski

STICHTING NEDERLANDSE
KINDERJURY
2003

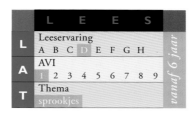

Toegekend door KPC Groep te 's-Hertogenbosch.

7ᵉ druk 2008

ISBN 978.90.276.4647.7
NUR 287

© 2002 Tekst: Frank Smulders
Illustraties: Hugo van Look
Uitgeverij Zwijsen Algemeen B.V. Tilburg

Voor België:
Zwijsen-Infoboek, Meerhout
D/2002/1919/240